LES
CHINOIS,
COMÉDIE
EN UN ACTE, EN VERS,
MESLÉE D'ARIETTES;
PARODIE DEL CINESE:

Représentée pour la premiere fois par les Comédiens Italiens Ordinaires du Roi, le 18 Mars 1756.

NOUVELLE EDITION.

Le prix est de 24 sols sans Musique.
Les Ariettes se vendent 2 l. 8. s.

A PARIS,
Chez N. B. DUCHESNE, Libraire, rue S. Jacques au-dessous de la Fontaine S Benoît, au Temple du Goût.

M. DCC. LIX.
Avec Approbation & Privilége du Roi.

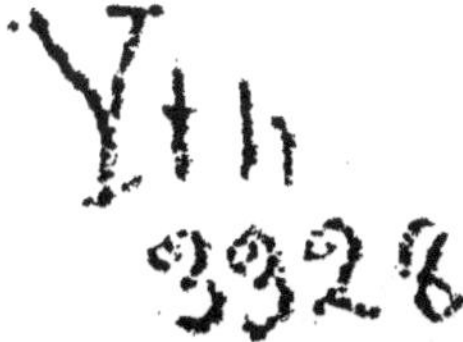

ACTEURS.

XIAO, *Mandarin de la Premiere Classe, Pere d'Agésie.*	M. Rochard.
AGÉSIE.	Mlle. Catinon.
TAMTAM, *Amant d'Agésie*	Mde. Favart.
CHIMCA, *Esclave, suivante d'Agésie.*	Mlle. Desglands.
UN INTENDANT DE XIAO, *Personnage muet.*	M. Duclos.

PLUSIEURS ESCLAVES DE XIAO.

La Scene se passe au Palais de Xiao, dans l'Appartement des Femmes.

LES CHINOIS, COMÉDIE EN UN ACTE, EN VERS.

Le Théâtre représente un Appartement décoré & meublé à la Chinoise ; on voit dans le fond du Théâtre l'horison à travers une jalousie brisée.

SCENE PREMIERE.

XIAO, & à quelque distance son Intendant & plusieurs Esclaves qui attendent ses ordres.

XIAO, *à son Intendant.*

ARIETTE : *du Traccolo, questo foglio, &c.* Notée, N°. 1.

QU'une Fête
Pour ce soir se trouve prête ;

Il faudra que tu commandes
Des parfums & des guirlandes,
Habits de cérémonie,
Artifice & simphonie,
Bal, festin & mascarade.
Si tu crains la bastonnade, (*bis.*)
Réponds vîte à mon espoir;
Qui t'arrête? Sois donc habile;
Car ma bile (*bis.*)
Contre toi va s'émouvoir.
Quoi? j'aurois dû prévoir?
Oh! c'est à toi de voir;
Fais ton devoir.
Qu'une Fête
Se trouve prête:
Que l'on pare ces Esclaves.
Soyez tous lestes & braves;
Bal, festin & mascarade.
Si tu crains la bastonnade,
* La houpade,
Que tout soit prêt pour ce soir.
Sans réplique,
Que l'on s'aplique,
Sans réplique,
A répondre à mon espoir.
Si tu crains la bastonnade,
La houpade, (*bis.*)

* *Supplice dont on punit les Esclaves à la Chine.*

Qui t'arrête ?
Oui la Fête,
Sans remise est pour ce soir ;
Oui, oui, c'est pour ce soir. (*bis.*)
Fais ton devoir.

Tout ce que tu dirois seroit fort inutile.
Ne t'excuse pas sur le tems.
Apprends, ô le plus sot de tous les Intendans,
Qu'avec l'argent on trouve tout facile ;
L'argent commande au tems, aux élémens,
Et vient à bout de tout. Ouvre mes coffres, prends.
Ce soir je donne un Epoux à ma fille ;
N'épargne rien, s'il le faut, vole, pille ;
Mais qu'on me serve. Un homme tel que moi
Ne connoît point d'obstacle : il faut que le goût brille
Dans tout ce que j'ordonne, ou je m'en prends à toi :
Sors. Quand j'ai dit un mot, ce mot est une loi.

(*L'Intendant se retire avec les Esclaves.*)

SCENE II.

XIAO, seul.

ARIETTE, *du Chinois : gia colmo di piacer* ;
Notée N°. 2.

JE vais, grace à ma Fille,
Accroître ma famille ;
Un tas d'enfans fourmille :
Ah ! je les vois déjà.
Tandis que l'un sautille,
L'autre à l'envi babille ;
J'aurai de la famille,
Elle sera gentille,
Et me ressemblera. (3 *fois*.)
Je suis, grace à ma Fille,
Grand-Pere de famille ;
Un tas d'enfans fourmille,
Autour de moi sautille,
En m'appellant Papa.
Je ne me sens pas d'aise, } (*bis*.)
L'un grimpe sur ma chaise, }
En m'apellant Papa,
Et me baise.
L'un grimpe sur ma chaise,
L'autre joüe au dada,

En m'appellant Papa. (*bis.*)
Paix-là. Taisez-vous, paix-là,
Paix-là, vous dis-je.
Encor! Ce bruit m'afflige,
Il faut que je corrige....
(*Contrefaisant la voix d'un Enfant.*)
Ah! ah! pardon, pardon, pardon, mon grand-Papa:
Je ne le ferai plus, non, non.
(*De sa voix naturelle.*)
Levez-vous donc.
Je vais &c. (*da capo.*)

SCENE III.

XIAO, AGÉSIE, CHIMCA.

XIAO.

APproche, ma chere Agésie;
Il est tems que je te marie,
Et ce sera dès aujourd'hui.

AGÉSIE.

Dès aujourd'hui, mon Pere.

XIAO.

Eh! oui.
Cela te fâche?

AGÉSIE.

Oh! point du tout, mon Pere ;
Mais, le ſort qui m'attend, ſera-t-il auſſi doux
Que le bonheur de reſter avec vous?

XIAO.

Ma fille, tu n'es pas ſincere.

AGÉSIE.

Cet Epoux ſçaura-t-il me plaire ?

CHIMCA.

Bon! bon! c'eſt toujours un Epoux.

XIAO.

Chimca penſe très-bien, très-juſte : ici l'uſage
Eſt de ſe marier au gré de ſes parens ;
C'eſt une coûtume fort ſage.

CHIMCA.

Pas toujours.

XIAO.

Taiſez-vous, eſprit à contre ſens.
Elle eſt fort ſage, & ſurtout pour les Grands.
L'art de ſe maintenir, eſt notre étude unique,
Et nous regardons nos enfans
Comme des inſtrumens de bonne politique,
Qui doivent cimenter la fortune & les rangs.
Voilà le ſeul point néceſſaire.

En t'annonçant l'Epoux je termine l'affaire:
Ma volonté suffit.

AGÉSIE.

Mon Pere je me rends:
Mon goût doit se soumettre au vôtre;
Mais comment est-il fait cet Epoux?

XIAO.

Comme un autre;
Je n'ai pas pû le voir encor.
Depuis cinq ou six ans, après un long essor,
Il revient d'un très-grand voyage;
Mais c'est ton fait: son Pere a du crédit, de l'or:
De plus, c'est l'Empereur qui fait ce mariage.
J'y trouve encore un avantage:
Ton Epoux est le fils du plus grand ennemi
Qu'ait jamais eu notre famille.

AGÉSIE.

Vous me faites frémir.

XIAO.

Ainsi,
Leur intérêt au mien se trouve uni:
A d'autres nous nuirons en commun. Toi, ma fille,
Sur les mesures que je prends,
Dépêche-toi d'avoir beaucoup d'enfans:
Eternise mon sang par ta progéniture.

AGÉSIE.

Je n'épargnerai rien, mon Pere, je vous jure,
Pour rendre vos desirs contens.

XIAO.

Mais, c'est trop m'arrêter; je vais trouver mon Gendre,
Et pour t'unir à lui, je reviendrai te prendre.

ARIETTE; Notée. N°. 3.

Ma Fille, ma chere Fille,
Pour l'honneur de la famille,
Sois toujours d'humeur gentille:
Sans cesse,
Avec tendresse,
Caresse ton Epoux.
Avec tendresse,
Avec adresse,
Caresse ton Epoux. (*bis.*)
Sans cesse, &c.
Et, pour te rendre maîtresse,
Prends un air simple & doux.
Si l'amour sommeille,
Fais qu'il se réveille,
Ranime l'entretien,
Et tu t'en trouveras bien;
Oui, tu t'en trouveras bien.

SCENE IV.

AGÉSIE, CHIMCA.

CHIMCA.

VOus devez être bien charmée.

AGÉSIE

L'Hymen me flatte, & je suis allarmée.

CHIMCA.

Comment! pourquoi vous effrayer?

AGÉSIE.

Si l'on va me sacrifier.

CHIMCA.

Ah! N'est pas qui veut la victime.

AGÉSIE

Mais, si l'Epoux est mal fait, Cacochime.
J'éprouve en même-tems la crainte & le desir.
Dès l'enfance, au Sérail, quoique de près gardées,
Sur les hommes toûjours il nous vient des idées
Que l'instinct tâche d'éclaircir.
Encor si cet Epoux que je n'ai pû choisir...
Ressembloit.....

CHIMCA.

Ressembloit ?

AGÉSIE.

Par l'âge, la figure....
Mais, n'en parle à personne.

CHIMCA.

Oh! non, soyez-en sûre.
Ai-je jamais rien dit de nos petits secrets?

AGÉSIE.

Hé! bien, tu sçauras donc.....

CHIMCA.

Après.

AGÉSIE.

Hé! bien : la semaine derniere,
J'étois seule en ce pavillon ;
De ce côté, sur la Riviere,
J'entends jouer un carillon.
De voir d'où le bruit part, il me prend fantaisie;
J'approche de la jalousie,
Lorsqu'un coup de vent imprévû
L'abbat. Je vois.... je vois....

CHIMCA

Hé! bien, qu'avez-vous vu?

AGÉSIE.

Un jeune homme charmant étoit dans une barque;
Il la fait arrêter, si-tôt qu'il me remarque;
Il reste d'abord interdit,
Mais, un instant; car il est plein d'esprit.

CHIMCA.

Il vous a donc parlé?

AGÉSIE.

Non, il ne m'a rien dit;
Mais pour homme d'esprit j'ai pû le reconnoître,
Aux différens transports qu'en lui je faisois naître.

CHIMCA.

Ah! vraiment, sans doute; il suffit
Qu'il vous trouve charmante, & tout cela doit être.

AGÉSIE

De Chinois quoiqu'il ait l'habit,
Il n'en a point le maintien flegmatique;
Et certain air qui prévient & quipique....

CHIMCA.

En un mot, il vous plaît, voyons ce qui s'ensuit.

AGÉSIE.

Oh! .... rien.

CHIMCA.

Rien?

AGÉSIE.

Non, j'ai vû venir mon Pere;
Je me suis retirée.

CHIMCA.

Oh! cela déſeſpere.

AGÉSIE.

Paix, taiſons-nous. J'entends du bruit.

CHIMCA.

Comment comment, par la fenêtre
Un homme....

AGÉSIE

C'eſt lui-même! Il oſe ici paroître,

SCENE V.

AGÉSIE, CHIMCA TAMTAM.

CHIMCA.

Ariette : *Il m'a démis l'aluette*; Notée N°. 4.

ICiq ue venez vous faire ?
Ah ! quelle audace est-ce là !

AGÉSIE.

Hélas! mon Pere le saura.

TAMTAM.

Ne craignez rien, ma chere.

AGÉSIE.

Sortez, sortez.

CHIMCA.

Vous excitez sa colere,
Téméraire.

AGÉSIE.

Il rend tous mes sens agités.
A Tamtam.
Sortez, sortez.

TAMTAM.

Mais du moins écoutez....

AGÉSIE.

Téméraire.

TAMTAM.

Quoi ! mon ardeur sincere
Peut-elle vous déplaire ? (*bis.*)

AGÉSIE.

Quel étrange embarras !
Ah ! ah ! fuyons, mais je n'ai pas
La... la force de faire un pas.

CHIMCA.

Ici que venez vous faire ?
Ah !
Quelle audace est-ce là !

TAMTAM, *à Agésie.*

Aurai-je pû vous déplaire ?
C'est une ardeur sincere....

AGÉSIE.

Ah ! comme le cœur.... me bat....

CHIMCA.

Voulez-vous que j'appelle ?

AGÉSIE.

Oui.... Mais ne fais point d'éclat.

TAMTAM

Vous êtes bien cruelle.

AGÉSIE.

Sortez, sortez.

CHIMCA.

Sortez, sortez.

AGESIE.

AGÉSIE.

Je vais tomber en foibleſſe.

TAMTAM.

Oh ! Ciel !

CHIMCA, *à Tamtam.*

Quoi ! toujours vous reſtez !
(*A Agéſie.*) Ma Maîtreſſe, ma Maîtreſſe !
Dieux !

TAMTAM.

Hé ! bien, je vous laiſſe.
Oui, oui, raſſure-la.

AGÉSIE.

Ah ! eſt-il bien vrai qu'il s'en va ? (*bis.*)

CHIMCA.

Eh ! oui, vraiment, il ſe retire.

AGÉSIE.

Qu'il écoute un moment.

CHIMCA.

Ecoutez.

TAMTAM, *revenant.*

Me voilà.

AGÉSIE.

Je vous appelle pour vous dire
De ſortir au plus vîte.

TAMTAM.

Ah! j'étois loin déjà;
Vous ferez obéïe. *Il s'éloigne.*

AGÉSIE.

Ecoutez.

CHIMCA.

Venez çà. *Tamtam revient.*

AGÉSIE,

Quand vous êtes entré, vous a-t'on vû?

TAMTAM.

Perfonne.
J'ai faifi le moment.....

AGÉSIE.

Tant d'audace m'étonne:
Partez de même.... un mot.... mais.. quelqu'un vous verra.

TAMTAM.

Ne craignez rien.

AGÉSIE.

Je crois qu'il eft de la prudence
D'attendre au foir.

TAMTAM.

Non, non, je vous offenfe;
Et votre Perè le fçaura.

AGÉSIE.

Non, mon Pere est sorti.

TAMTAM.

Qu'elqu'un me surprendra :
Je sens qu'il est de conséquence.....

AGÉSIE.

Nul Esclave ici n'entrera.

TAMTAM.

Mais, si vous tombez en foiblesse.

CHIMCA.

Hé! bien, cela se passera.

TAMTAM.

Tenez, je vois que mon aspect vous blesse.

AGÉSIE.

Eh! non, vous dis-je.

CHIMCA

Enfin nous y voilà.

TAMTAM.

Ah! quel bonheur!

AGÉSIE

Je ne prétends point dire....

CHIMCA.

Voyons où ceci va conduire.

TAMTAM.

ARIETTE, du Chinois : *Zerbinotti d'oggidi* ; Notée N°. 5.

Que je baiſe cette main.
Mais, pourquoi cet air mutin ?
Que vous ſert-il d'être belle,
Si vous êtes ſi cruelle ?
Mais perſonne ne nous voit.
Qu'elle eſt farouche !
Que je touche
Seulement le bout du doigt.
Mais perſonne ne nous voit.
Que vous ſert-il d'être belle,
Si vous êtes ſi cruelle ?
Vous ſouffrez de vos rigueurs.
C'eſt à notre âge
Que l'on s'engage ;
Le Printems eſt pour les fleurs,
Et l'Amour eſt pour nos cœurs ;
La ſageſſe
Pour la Vieilleſſe ;
La tendreſſe
Pour nos cœurs.

AGÉSIE.

Doucement, doucement.

TAMTAM.

Quelle offenſe nouvelle !

AGÉSIE.

Vous êtes bien hardi ! Finiſſez ou j'appelle.
Juſqu'au moment où vous puiſſiez ſortir,
Par pitié pour vos jours, je veux bien vous ſouffrir ;
Mais à condition ; ſi de votre tendreſſe
Vous oſez dire un mot, je ſçaurai vous punir.

TAMTAM.

Quoi ! mon amour....

AGÉSIE.

N'a rien qui m'intéreſſe.
Dans un profond reſpect ſçachez vous contenir.

TAMTAM.

Ah ! comment ſe contraindre en voyant ce qu'on aime !
Un mot peut m'échapper, un mot.

AGÉSIE.

Un mot vous perd.

TAMTAM.

Un ſoupir, un regard.

AGÉSIE.

De même.

TAMTAM.

Je tâcherai d'obéïr.

CHIMCÁ, *bas à Agesie.*

A quoi sert
De tant dissimuler. Parlons à cœur ouvert.

TAMTAM.

En France, où j'ai fait un voyage,
Le sexe n'est pas si sauvage.

AGÉSIE

En France, dites vous?

TAMTAM.

Que ces climats heureux
Sont différens du pays où nous sommes
Les Femmes à Pekin sont esclaves de
Hommes;
Mais à Paris elles regnent sur eux.
Toutes les Belles s'y font gloire
D'enchaîner mille Amans, d'exciter des
desirs;
L'Amour qui remplit leurs loisirs,
Les conduit chaque jour, de victoire en
victoire,
Dans des tourbillons de plaisirs.

AGÉSIE.

Comment! en liberté les Hommes & les
Femmes....

TAMTAM.

S'entretiennent d'Amour du matin jusqu'au
soir.

CHIMCA.

Ah! que c'est un pays que je voudrois bien voir!

TAMTAM.

Ici nous ignorons ce doux plaisir des ames,
L'art de filer l'Amour, l'art d'occuper son Cœur,
Et de préparer le bonheur.

CHIMCA.

Comment fait-on l'Amour à la Françoise?

TAMTAM, *à Agésie.*

Si vous le permettez....

AGÉSIE.

Mais, oui : l'on est bien aise
De sçavoir d'un pays les usages, les mœurs.

TAMTAM.

Pour donner au Tableau de plus vives couleurs,
Il faudroit, ne vous en déplaise,
Me seconder & me prêter du jeu.
Tenez, figurez-vous que vous êtes l'Amante,
Moi, l'Amant.

AGÉSIE.

Soit.

TAMTAM.

Vous, la Suivante
Que je vais engager à protéger mon feu.

CHIMCA.

Voyons cela.

AGÉSIE, *va s'asseoir & prend le thé.*

Oui, oui, voyons un peu.

TAMTAM.

ARIETTE, DU CHINOIS; *Mista d'incanto:* Notée, N°. 6.

Avec adresse,
A ta Maitresse,
Avec adresse,
Peins ma tendresse.

CHIMCA.

Qui moi! Seigneur,
J'ai trop d'honneur.

TAMTAM.

Eh! quoi! belle Suivante.....

CHIMCA.

Non, non, frivole attente.

TAMTAM.

Fais mon bonheur.

CHIMCA.

Pour vous servir j'ai trop d'honneur.

ENSEMBLE.

TAMTAM. { Daigne ſervir ma ſincere ardeur.
CHIMCA. { Pour vous ſervir, j'ai trop d'honneur

TAMTAM.

Sois ma reſſource,
Prends cette bourſe :
Mais, quelle enfance !

CHIMCA.

Mais, prend-on en France ?

TAM,TAM.

Sans réſiſtance.

CHIMCA.

Je prends donc, Seigneur.

TAMTAM.

Oh ! çà, fais voir ton zele ;
Surtout, ſois moi fidelle.

CHIMCA.

Qui moi ! Seigneur.
Pour vous trahir j'ai trop d'honneur.

ENSEMBLE.

CHIMCA. { Pour vous trahir j'ai trop d'honneur.
TAMTAM { Daigne ſervir ma ſincere ardeur.

AGÉSIE, *à Chimca.*

Quoi ! vous ſerrez la bourſe ?

CHIMCA.

Eſt-ce qu'il faut la rendre ?

AGÉSIE.

Ceci n'est point une réalité.

TAMTAM.

L'Amant ne doit point la reprendre,
Cela rend mieux la vérité.
Alors la Soubrette obligeante
Va d'une façon engageante,
A sa Maîtresse apprendre mon Amour.
Allons, partez à votre tour.
Dites-lui bien que d'une ardeur extrême
Je la chéris cent fois plus que moi-même:
Que mon cœur pour toujours s'enchaîne
sous sa loi.
Dites-lui.

CHIMCA.

Fiez-vous à moi.

ARIETTE: *Non son picina*; Notée, N°. 7.

Sous votre empire,
Quelqu'un soupire,
Et vous aime, vous aime
Plus que lui-même.
Qui voit vos charmes
Vous rend les armes,
Qui voit vos charmes
En perd l'esprit.

TAMTAM.

Bon, bon.

CHIMCA, *à Tamtam.*

Ai-je bien dit ?

TAMTAM.

Oui, oui, c'eſt fort bien dit.

CHIMCA, *à Agéſie*

Sous votre empire,
Quelqu'un ſoupire,
Et vous aime, vous aime
Plus que lui-même.
Oui, pour vous s'il s'engage:
C'eſt votre ouvrage.
Vous rendre hommage
Eſt-ce un outrage ?
C'eſt un devoir.
Sous votre empire,
Quelqu'un ſoupire.
Eh ! eh ! daignez le voir.

Ne le condamnez pas du moins ſans le connoître.
Il attend ſon arrêt.

AGÉSIE.

Hé ! bien, il peut paroître.

CHIMCA, *à Tamtam.*

Venez.

TAMTAM.

L'Amant s'approche en s'inclinant bien bas.

Il faut vous prévenir qu'en voyant tant d'appas,
L'Amant de ses transports n'est par souvent le maître.
De ce que je dirai ne vous allarmez pas;
Car ce n'est entre nous qu'une feinte.

AGÉSIE.

Oh! sans doute.
Que l'Amant parle, je l'écoute.

TAMTAM, *à Chimca.*

Et vous, tenez-vous à deux pas.

ARIETTE: *M'ha detto la mia mama*; Notée, N°. 8.

Son cœur d'abord palpite:
Il veut, mais il hésite;
Il dit des mots sans suite;
Certain trouble l'agite,
Il a peur de manquer d'égards;
Et la crainte
Est peinte
Dans ses regards.
Bien-tôt l'Amour l'inspire,
Il vante les attraits:
Quels yeux charmans! quels traits!

AGÉSIE.

Après

TAMTAM.

L'Amant soupire :
Il l'ose dire ;
Et l'aveu ne déplait pas. } *bis.*
Ainsi l'Amour, pas à pas,
Pour engager, tend ses lacs.

AGÉSIE, *avec un peu d'émotion.*

La peinture intéresse.

CHIMCA, *à part.*

Ah ! ma pauvre Maîtresse
Commence à se troubler. [*bis.*]
Ah ! ma pauvre Maîtresse !
Son cœur se laisse aller,
Se laisse, laisse, laisse,
Se laisse, laisse aller.

TAMTAM.

Le cœur plus fort palpite ;
On veut, mais on hésite ;
On dit des mots sans suite ;
Un nouveau trouble agite ;
L'amour brille dans les regards :
Et l'audace
Chasse
Les vains égards.
La Belle se retire,
Et paroît se fâcher.

AGÉSIE.

Eh ! mais !

TAMTAM.

L'amant soupire,
Et son martyre
Commmence à la toucher.
La belle se retire.

AGÉSIE.

Eh ! mais !

TAMTAM.

L'amant soupire, [*bis.*]
Et saisit un bras.

AGÉSIE, *en soupirant.*

Après.

TAMTAM.

Doucement il le flatte,
Qu'il est rond, blanc & frais !
Ah ! quelle peau délicate !
Que je le baise.

AGÉSIE.

Mais !

TAMTAM.

Quoi !

AGÉSIE, *troublée.*

Quoi !

TAMTAM, *baisant la main d'Agésie.*

Le tendre amant le baise.

AGÉSIE, *plus émue.*

Après.

TAMTAM.

Et le rebaiſe ;
Elle s'appaiſe ,
Et ne ſe déſend pas. } [*bis.*]

Ainſi l'Amour, pas à pas,
La ſait tomber dans ſes lacs.

CHIMCA, *à part.*

Ah ! ma pauvre Maîtreſſe !
Je la vois ſe troubler.
Ah ! ma pauvre Maîtreſſe !
Son cœur ſe laiſſe aller,
Son cœur ſe laiſſe, laiſſe, laiſſe,
Se laiſſe, laiſſe aller.

(*Apart.*) L'amour, je le vois bien, a plus d'une reſſource,
(*A Agéſie.*) Maîtreſſe, ſi je rends la bourſe,
Vous rendrez auſſi le baiſer.

AGÉSIE *s'appercevant de ſa foibleſſe.*

Il eſt vrai que c'eſt trop oſer.

TAMTAM.

Eh ! bien, je vous adore : il n'eſt plus tems de feindre ;
J'ài trop ſouffert à me contraindre.
Si j'excite votre courroux,
Que vos ſurveillans implacables,

Puniſſent mon amour ; je me livre à leurs coups :
J'attends la mort à vos genoux.

AGÉSIE, *tendrement.*

On auroit à punir à la fois deux coupables.
Ah ! je le ſuis autant que vous.

CHIMCA.

Hélas ! Et moi je ne puis l'être.

TAMTAM, *à Agéſie.*

Vous m'aimez ?

AGÉSIE.

Sans aucun eſpoir :
Un Epoux, ou plutôt un maître,
Ce ſoir doit m'obtenir : quel funeſte devoir !

TAMTAM.

Quel eſt l'Epoux heureux ?....

AGÉSIE.

Vous ſçavez qu'à la Chine
On diſpoſe de nous, ſans nous faire ſçavoir
La perſonne qu'on nous deſtine.

TAMTAM.

J'ignore auſſi qui j'épouſe ce ſoir ;
Mais à l'inſtant je viens de recevoir
Le Portrait....

AGESIE

AGÉSIE

Le Portrait ?

CHIMC'A.

Voyons ; que j'examine.

TAMTAM, *donnant le Portrait.*

Ah ! je n'ai pas daigné le voir.

CHIMCA.

Ah ! ma maîtresse, c'est vous-même.

AGÉSIE.

C'est moi !

TAMTAM.

C'est vous !

CHIMCA.

C'est vous.

TAMTAM.

Mon bonheur est extrême.

SCENE VI. & derniere.

AGÉSIE, TAMTAM, CHIMCA, & XIAO *entrant le ſabre à la main.*

XIAO.

ARIETTE: Notée, No. 9.

QU'il tombe, qu'il meure,
Qu'il meure ſur l'heure,
Le traitre, l'indigne,
Le traitre, l'indigne,
Qui m'oſe offenſer.
L'affront eſt inſigne.
Son ſang va l'effacer. [*bis.*]
Il brave ma rage.

Tamtam regarde Xiao d'un air content.

Il comble l'outrage. (*bis.*)
Qu'il meure
Sur l'heure.

Agéſie ſe met devant Tamtam.

O Fille ſans ame,
Tu crains pour l'infâme!
Tu partages l'audace;
Partage le danger.
Non, non, non, point de grace;
Je veux me venger.

AGÉSIE.

Ecoutez-nous.

XIAO.

Non, non: quoi! lorſque l'hymenée
Doit au jeune Tamtam unir ta deſtinée,
Et réunir nos maiſons pour jamais....

TAMTAM.

Eh! daignez au moins nous entendre.
Voulez-vous tuer votre gendre ?
C'eſt moi qui ſuis Tamtam. La preuve eſt dans ces traits.

XIAO.

Oh! oh!

CHIMCA.

Faites la paix.

XIAO.

Comment avez-vous pû chez moi vous introduire ?

TAMTAM

De tout plus à loiſir nous ſçaurons vous inſtruire,
Accordez-moi mon pardon.

XIAO.

De bon cœur;
Mais ſortez en ſecret. Si quelqu'un par malheur
Apprenoit que mon gendre, avant le mariage,

A ma Fille ait parlé, victime de l'usage,
Je serois, malgré moi, contraint de vous punir;
La mode en tous climats est le tyran du sage.
Allez vous préparer, & je vais vous unir.

QUATUOR:

Noté, N°. 10.

[ENSEMBLE.]

XIAO & CHIMCA.	TAMTAM & AGÉSIE.
Leur sort m'enchante.	Mon sort m'enchante.
Que chacun chante,	A mon attente
La, la, la, la, la;	Tout répondra.
Que l'on embrasse le cher Papa.	Je vous rends grace, mon cher Papa.

XIAO, *à Agésie.*

Sois complaisante,
Sois amusante.

[TOUS.]

XIAO. { A mon attente
Les 3 autres. { A votre attente

Tout répondra.

XIAO, *à Tamtam.*

Et toi mon gendre,
Sois toujours tendre.

TAMTAM.

Bientôt j'espere
Vous voir grand pere.

[ENSEMBLE.]

XIAO & CHIMÇA.	TAMTAM & AGÉSIE.
A { Mon / Votre } attente	Mon sort m'enchante, Mon cher Papa.
Tout répondra.	

XIAO, *à Tamtam.*

Mon Fils, sois sage;
Fais bon ménage.

TAMTAM.

Son avantage
Me conduira.

XIAO.

Ah! je me pâme.

TAMTAM, *à Agésie.*

Ma chere Femme,
Jamais ma flamme
Ne s'éteindra.

[ENSEMBLE.]

XIAO & CHIMCA.	TAMTAM & AGÉSIE.
Que l'on embrasse le cher Papa.	Je vous rend grace, mon cher Papa,

CÉRÉMONIE DU MARIAGE.

XIAO, CHŒUR.

XIAO.

O *Tien* ! à leurs vœux sois propice,
Que ta main les unisse.
Goûtez, heureux Époux,
Le bonheur le plus doux :
Que vos nobles travaux
Enfantent des Héros.

CHŒUR.

* O XIN, XIN, KANIN, XIN,
XIN. Nite. fô.

XIAO.

O *Tien* ! fais naître pour leur bien des fils
En tout point accomplis.

CHŒUR.

O

XIAO.

Et des filles....

* *Nom des Divinités de la Chine que l'on invoque pour le mariage.*

CHŒUR.

O

XIAO.

Bien gentilles....

CHŒUR.

O

XIAO.

Dont les yeux soient longs,
Les pieds mignons.

CHŒUR.

XIN, XIN, KANIN, XIN,
XIN. Nite so.

FIN.

L'Approbation & le Privilége se trouvent aux Œuvres de l'Auteur.

CATALOGUE DE MUSIQUES
nouvelles relatives aux Pieces de Théâtres, & autres.

L'Amusement des Dames, ou Recueil de Menuets, Contre-Danses, Vaudévilles, Rondes de table, 10 parties, 1 vol. in-8°. 12 l.

La Toilette de Vénus dressée par l'Amour, contenant des Menuets, Contre-Danses, Vaudevilles, 10 parties, 1 vol. *in-8°*. 12 l.

Le Passe-tems agréable & divertissant, Vaudevilles, Rondes de Table, Duo, Brunettes & autre, 10 parties, 1 vol. *in-8°*. 12 l.

Les Desserts des petits Soupers de Madame de... 10 parties 1 vol. *in-8°*. 12 l.

L'Année Musicale, contenant un Recueil de jolis airs, Parodies, en 20 parties, formant 2 vol. *in-8°*. 24 l.

Les Thémiréïdes, ou Recueil d'airs à Thémire, 3 parties, par M. l'Abbé de l'Attaignant. 3 l. 12 s.

Amusemens Champêtres, ou les aventures de Cythere, Chansons nouvelles à danser, 2 parties. 2 l. 8 s.

Recueils d'Airs & Menuets, Contre-Danses, Parodies, chantés sur les Théâtres de l'Académie Royale de Musique, & de l'Opera Comique, 17 parties, chaque partie se vend séparément, 1 l. 4 s.

Recueils des Menuets, Contre-Danses & Vaudevilles chantés aux Comédies Françoise & Italienne, 13 parties. 15 l. 12 s.

Le Troc, Parodie des Troqueurs, avec toute la Musique. 3 l. 12 s.

Airs choisis des Troqueurs. 1 l. 4 s.

Ariettes du Medecin d'Amour. 2 l. 8 s.

La Musique de la Pipée. 1 l. 10 s.

Ariettes de l'heureux déguisement. 2 l. 8 s.

Ariettes de la Bohemienne de la Coméd. Ital. 2 parties. 3 l. 12 s.

Airs choisis de la Bohemienne de l'Opéra Comique. 1 l. 4 s.

Ariettes du Chinois. 2 l. 8 s.

Vaudevilles & Ariettes des Indes dansantes. 1 l. 4 s.

Vaudevilles & Ariettes de Raton & Rosette. 1 l. 10 s.

Musique de l'Yvrogne corrigé. 1 l. 4 s.

Vaudevilles d'Omphale, & de Bastien & Bastienne. 1 l. 4 s.

Ariettes de Ninette à la Cour, 4 parties. 6 l. 18 s.

Ariettes de Blaise le Savetier. 1 l. 4 s.

Musique de la soirée des Boulevards. 1 l. 4 s.

Menuets nouveaux en Concerto, Contre-Danses, 4 parties. 4 l. 16 s.

Les Loix de l'Amour, ou Recueil de différents Airs, 3 parties. 3 l. 12 s.

Cantatille nouvelle des Talens à la mode, de M. de Boissi. 1 l. 4 s.

Choix de différents morceaux de Musique, 2 parties. 2 l. 8 s.

Le volume se vend 12 livres, & le cahier 24 sols; le tout séparément.

www.ingramcontent.com/pod-product-compliance
Lightning Source LLC
LaVergne TN
LVHW020252230826
846091LV00006B/2367

* 9 7 8 2 0 1 9 7 1 6 9 6 7 *